부릉부릉 자동차

카펫에 여러 가지 장난감 자동차가 있어요. 아이가 들고 잘 보고, 모양과 크기가 똑같은 것을 찾아 ◯ 해 보세요

참 잘했어요

동물들의 모양 놀이

동물 친구들이 모양 찾기 놀이를 해요. 동물 친구들이 들고 있는
물건과 모양이 같은 것을 오른쪽에서 찾아 ○ 해 보세요.

요정들의 선물

무지개에 선물 상자가 걸려 있어요. 요정들이 가진 모양을
각각 선물 상자 속 모양과 똑같은 색으로 칠해 보세요.

크고 작은 동물들

동물 친구들이 벤치에 앉아 있어요. 동물들의 모습을 잘 보고,
몸집이 큰 동물부터 순서대로 빈칸에 번호를 써 보세요.

참 잘했어요

가지가지 물건

남자아이와 여자아이의 물건이 있어요. 물건의 개수를 세어
빈칸에 쓰고, 같은 물건 중 더 많은 것에 각각 ◯ 해 보세요.

참 잘했어요

달콤한 간식

<보기>의 간식 개수를 세어 보세요. 그리고 왼쪽 칸에는 하나 적게, 오른쪽 칸에는 하나 많게 ○로 묶어 보세요.

풍덩, 수영장 사물함

사물함의 빈칸에 순서대로 번호를 써 보세요. 그리고 친구의
열쇠를 잘 보고, 알맞은 사물함에 열쇠 스티커를 붙여 보세요.

수·셈

착착 책 정리

영차, 영차! 개미들이 책꽂이에 책을 정리해요. 번호 순서대로
책이 꽂히도록 빈 곳에 알맞은 숫자를 써 보세요.

바삭바삭 초콜릿 쿠키

바삭한 초콜릿 쿠키를 구웠어요. 동물 요리사들이 들고 있는
쿠키를 잘 보고, 오른쪽에서 똑같은 것을 찾아 ○ 해 보세요.

분류

조각조각 모양 조각

여러 가지 조각을 맞춰 보아요. 왼쪽에 있는 조각을 모두
사용하여 만들 수 있는 모양을 오른쪽에서 찾아 ○ 해 보세요.

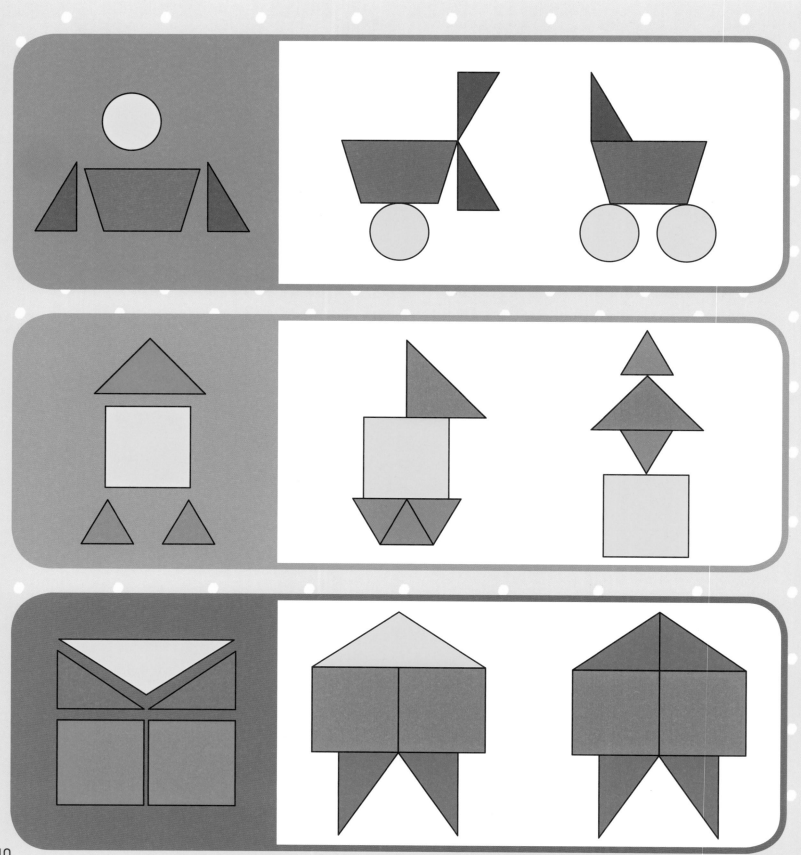

높이 나는 탈것

비교

탈것들이 하늘 높이 쌩쌩 날아가요. 탈것 중에서 가장 높이
나는 것에는 ○, 가장 낮게 나는 것에는 △ 해 보세요.

쏙쏙 장난감 정리

친구들이 장난감을 종류별로 상자에 모아요. 인형과 자동차를
종류별로 모으면 각각 몇 개가 될지 세어서 빈칸에 써 보세요.

톡톡 과일 따기

동물들이 과일을 따고 있어요. 사과와 감을 종류별로 수레에
담으면 각각 몇 개가 될지 세어서 빈칸에 써 보세요.

분류

어흥! 무서운 호랑이

무서운 호랑이가 나타나서 동물들이 모두 도망가고 있어요.
뛰어서 갈 수 있는 동물들을 모두 골라 ○ 해 보세요.

끼리끼리 물건 정리

우리 집에서 같은 모양의 물건들을 찾아 카펫 위에 모았어요.
모아 놓은 물건 중에서 모양이 다른 것을 찾아 ○ 해 보세요.

나란히 나란히

탁자 위에 여러 가지 물건들을 나란히 올려놓았어요. 길이를
비교해 보고, 연필보다 긴 것을 모두 골라 ○ 해 보세요.

비교

냠냠, 밥 먹는 도구

친구들이 식탁에 둘러앉았어요. 두 손에 밥 먹을 때 필요한
도구만 들고 있는 친구를 모두 찾아 ○ 해 보세요.

분류

사이좋게 꿀꺽!

케이크를 두 접시에 나누어 담아요. 왼쪽 접시의 케이크를 세어
보고, 오른쪽 접시에 몇 개를 담아야 할지 스티커를 붙여 보세요.

수·셈

살금살금 잠자리 잡기

풀잎에 잠자리가 모두 몇 마리인지 위의 빈칸에 써 보세요. 그리고
아래에 날아간 잠자리와 남은 잠자리를 각각 세어서 써 보세요.

수·셈

양의 선물 가게

오리가 친구에게 줄 선물을 사려고 해요. 오리가 들고 있는
상자와 같은 모양의 선물을 선반에서 모두 골라 ○ 해 보세요.

도형·공간

길쭉길쭉 맛있는 빵

쟁반 위에 맛있는 빵이 있어요. 아래 네모 칸을 오려 빵의
길이를 각각 재어 보고, 가장 긴 빵을 찾아 ○ 해 보세요.

비교

쓱싹쓱싹 목욕 시간

신 나게 놀고 들어와 깨끗이 목욕을 해요. 아래 그림을 보고,
먼저 일어난 일부터 순서대로 빈칸에 번호를 써 보세요.

귀여운 리본 인형

내가 좋아하는 인형 가게에 왔어요. 리본이 없는 인형에게 리본 스티커를 붙이고, 진열장에 인형이 모두 몇 개인지 세어 보세요.

수·셈

11
십일·열하나

23

울긋불긋 예쁜 꽃잎

울긋불긋 예쁜 꽃이 피었어요. 색이 없는 꽃잎을 알록달록
예쁘게 색칠하고, 꽃잎이 모두 몇 장인지 세어 보세요.

반짝반짝 보물

보석함을 열자 보물들이 펑펑 튀어나왔어요. 색이 없는 보물을
예쁘게 색칠하고, 보석과 보물이 모두 몇 개인지 세어 보세요.

13
십삼·열셋

25

살랑살랑 물고기

수·셈

커다란 수족관을 구경해요. 수족관 속에서 살랑살랑 헤엄치는
물고기에게 모두 ○ 하고, 몇 마리인지 세어 보세요.

14
십사 · 열넷

꿀꿀, 아기 돼지

농장에 귀여운 아기 돼지들이 태어났어요. 울타리 안에 있는
아기 돼지에게 모두 ○ 하고, 몇 마리인지 세어 보세요.

수·셈

15

십오·열다섯

27

즐거운 장보기

마트 진열대에 여러 가지 음식이 있어요. 각각의 음식 개수를
세어 보고, 아래 빈칸에 알맞은 수를 써 보세요.

쭉쭉 빨래 널기

아기 고양이가 엄마와 함께 빨래를 널어요. 빨래들이 널려 있는
순서를 잘 보고, 빈 곳에 알맞은 빨래 스티커를 붙여 보세요.

소중한 내 물건

내가 아끼고 좋아하는 물건들이에요. 여러 가지 물건 중에서
천으로 만든 것에 ○ 하고, 나무로 만든 것에 △ 해 보세요.

동글동글 미로 탐험

토끼가 당근을 찾으러 가요. 그림을 잘 보고, 여러 가지 물건
중에서 공 모양 물건만 따라가서 미로를 통과해 보세요.

도형·공간

인형 옷 입히기

곰 인형에게 옷을 입히려고 해요. 각각의 곰 인형 크기에 맞는
옷을 골라 선으로 연결하고, 모자와 같은 색으로 칠해 보세요.

33

데굴데굴 눈사람

바둑이와 함께 눈덩이를 굴려서 눈사람을 만들어요. 그림을
보고, 먼저 일어난 일부터 순서대로 빈칸에 번호를 써 보세요.

참 잘했어요

시간

케첩을 쭈욱!

맛있는 핫도그를 만들었어요. 아래 핫도그 중에서 케첩이 없는
것에 케첩을 그리고, 핫도그가 모두 몇 개인지 세어 보세요.

수·셈

16

십육·열여섯

김밥을 돌돌!

엄마가 맛있는 김밥을 돌돌 말아서 도시락에 담아요. 도시락에
담긴 김밥을 세어 보고, 17개만큼 ○ 해 보세요.

17
십칠 · 열일곱

신선한 사과 잼

토끼가 싱싱한 사과로 잼을 만들려고 해요. 쟁반에 놓여 있는
사과를 세어 보고, 18개만큼 ○ 해 보세요.

수·셈

18
십팔 · 열여덟

알록달록 크레파스

성윤이가 스케치북에 그림을 그려요. 색이 없는 크레파스를
예쁘게 색칠하고, 크레파스가 모두 몇 개인지 세어 보세요.

수·셈

19
십구 · 열아홉

38

시원한 아이스크림

여러 가지 맛의 아이스크림이 있어요. 색이 없는 아이스크림을
예쁘게 색칠하고, 아이스크림이 모두 몇 개인지 세어 보세요.

수 · 셈

20
이십 · 스물

별 무늬 버섯 집

숲속에 귀여운 버섯 모양의 집이 있어요. 각각의 지붕에 있는
별의 개수를 세어서 오른쪽 빈칸에 써 보세요.

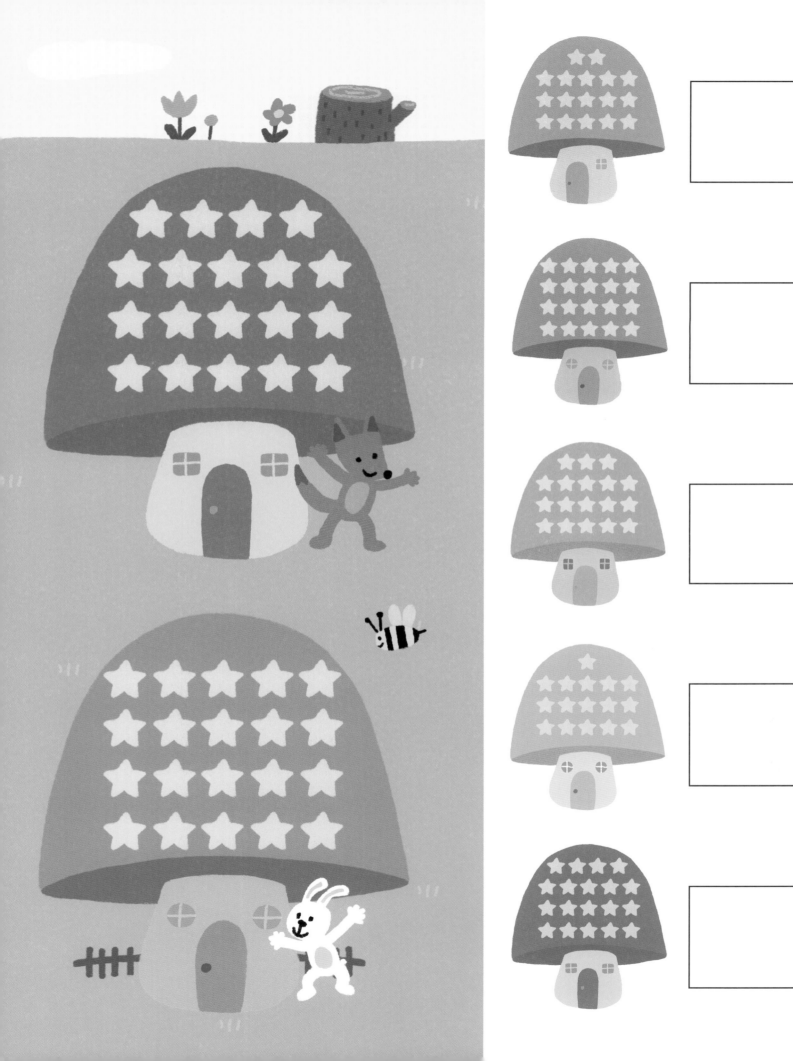

빙글빙글 대관람차

친구들이 놀이공원에 놀러 왔어요. 대관람차 창문의 모양이
순서대로 놓이도록 빈 곳에 알맞은 모양의 창문을 그려 보세요.

아롱다롱 색종이 무늬

색종이에 여러 가지 무늬가 아롱다롱해요. 왼쪽의 색종이를 잘
보고, 오른쪽에서 무늬가 다른 하나를 각각 골라 ◯ 해 보세요.

참 잘했어요

같은 모양의 물건 찾기

우리 집에 있는 물건들이에요. 왼쪽 블록의 모양을 잘 보고,
오른쪽에서 모양이 같은 물건을 골라 ○ 해 보세요.

찰칵! 계절 사진

봄, 여름, 가을, 겨울에 찍은 사진을 앨범에 정리해요. 사진을
잘 보고, 빈 곳에 계절 순서대로 번호 스티커를 붙여 보세요.

새콤달콤 과일

새콤달콤 맛있는 과일이 있어요. 각각의 과일 개수를 세어 보고,
오른쪽에서 알맞은 수를 찾아 선을 그어 보세요.

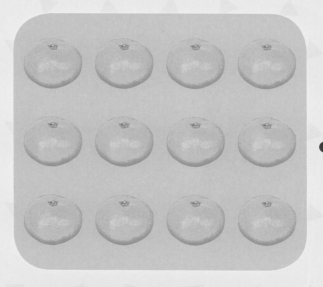

12

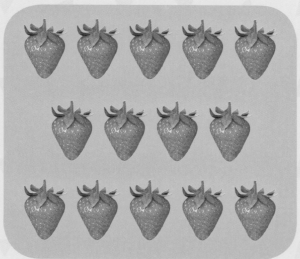

13

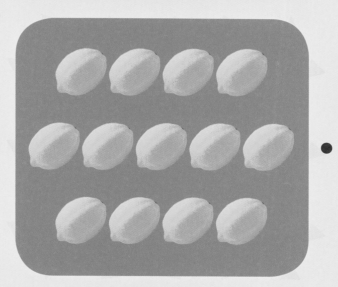

14

숲속에서 온 선물

친구들이 숲에서 모은 것들이에요. 왼쪽과 오른쪽의 개수를 각각
세어 보고, 차이 나는 수만큼 빈칸에 ○를 그려 보세요.

참 잘했어요

수·셈

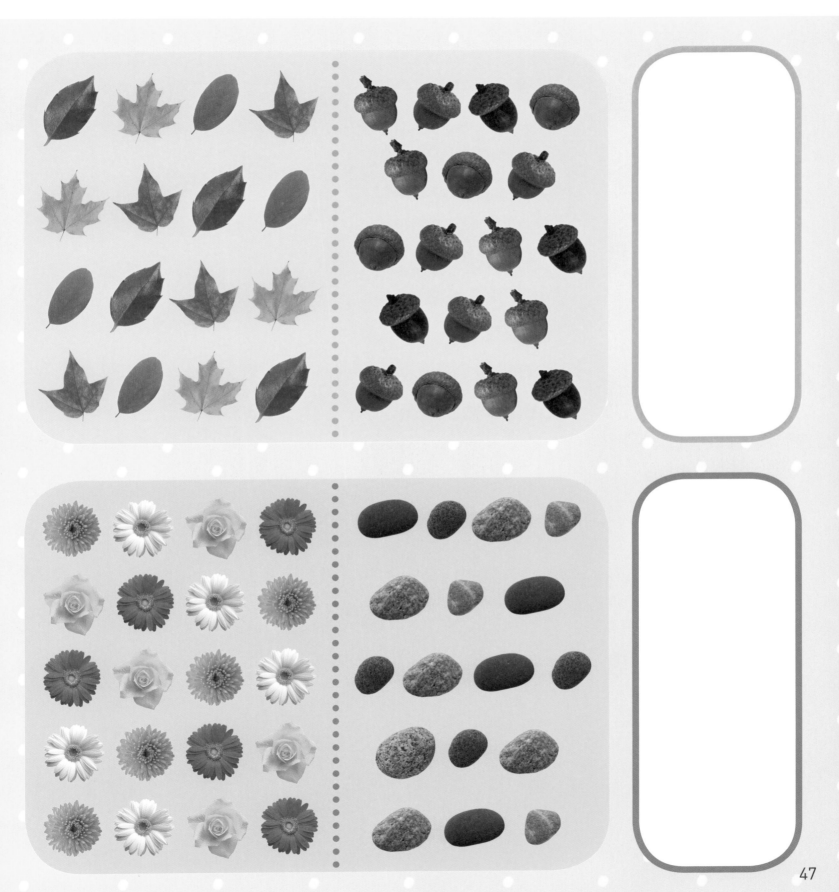

차례차례 블록 끼우기

순서에 맞춰 블록을 끼웠어요. 블록이 끼워진 순서를 잘 보고,
빈 곳에 알맞은 블록 스티커를 붙여 보세요.

규칙

참 잘했어요

즐거운 블록 놀이

블록으로 여러 가지 모양을 만들어요. 왼쪽의 모양을 만드는 데에
사용된 블록을 오른쪽에서 모두 골라 같은 색으로 칠해 보세요.

도형 · 공간

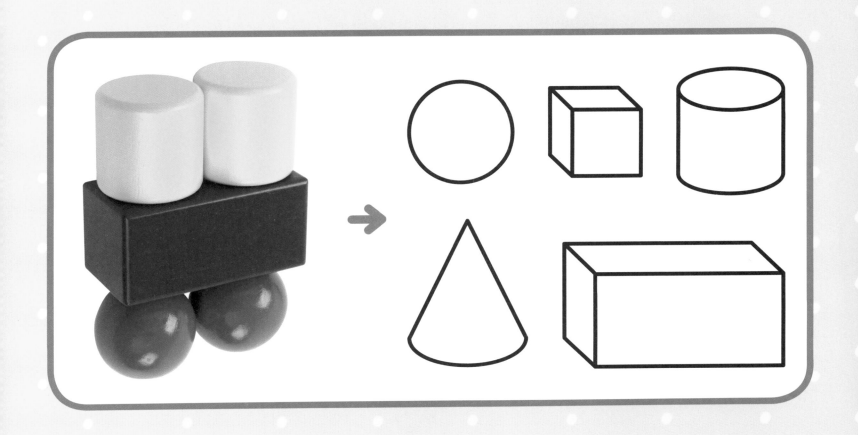

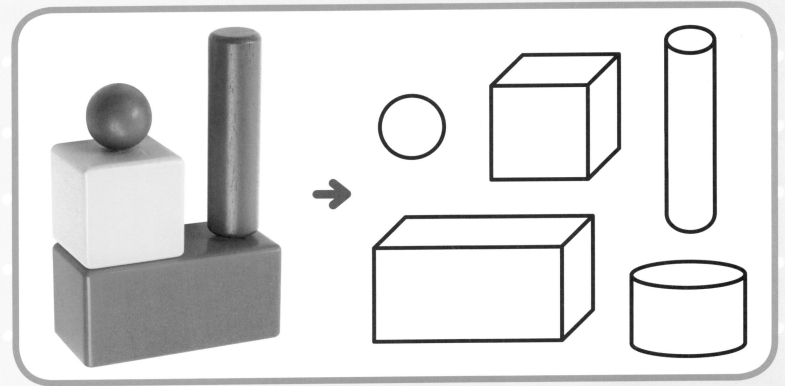

49

우주선 발사!

신 나는 우주여행을 떠나 볼까요? 11부터 20까지 숫자 순서대로
점을 잇고, 완성된 그림이 무엇인지 이야기해 보세요.

수·셈

둥실둥실 수 풍선

풍선에 쓰인 수를 잘 보세요. 그리고 키가 작은 친구의 풍선에는 하나 작은 수를, 키가 큰 친구의 풍선에는 하나 큰 수를 써 보세요.

수 · 셈

51

규칙

길 잃은 아기 다람쥐

아기 다람쥐가 숲속에서 엄마를 잃고 앙앙 울고 있어요.
〈보기〉의 순서대로 길을 따라가서 엄마 다람쥐를 찾아보세요.

52

똑같이 그리기

둘씩 둘씩 똑같이 그림을 그려요. 왼쪽 친구의 그림을 잘 보고,
오른쪽 친구의 스케치북에 똑같은 그림을 완성해 보세요.

도형·공간

53

칙칙폭폭 기차 블록

기차 블록의 칸마다 수가 쓰여 있어요. 맨 앞 칸에 쓰인 수를
잘 보고, 더 큰 수가 쓰여 있는 칸을 모두 골라 ◯ 해 보세요.

수·셈

큰 수와 작은 수

동물들이 수 놀이를 해요. 동물들이 가지고 있는 수를 잘 보고,
그 수보다 큰 수에는 ○를, 그 수보다 작은 수에는 △ 해 보세요.

수·셈

13 — 18 12 14 11

14 — 11 12 17 18

17 — 16 13 19 20

16 — 19 20 13 15

메리 크리스마스!

크리스마스트리에 예쁜 장식을 달아요. 달려 있는 장식의
색깔 순서를 잘 보고, 빈 곳에 알맞은 색을 칠해 보세요.

규칙

쌍둥이 모양 그리기

친구들이 점을 이어서 모양을 그리고 있어요. 왼쪽의 모양을
잘 보고, 오른쪽에 점을 이어서 똑같은 모양을 그려 보세요.

도형·공간

맛있는 달걀 프라이

돼지들이 달걀 프라이를 만들어요. 프라이팬에 있는 달걀 프라이를
2개씩 ○로 묶어 보고, 모두 몇 묶음인지 빈칸에 써 보세요.

2개씩 ☐ 묶음

고소한 치즈

생쥐들이 모은 치즈를 3개씩 묶어서 몇 묶음인지 세어 보세요.
그리고 더 많이 모은 생쥐에게 접시 스티커를 붙여 보세요.

59

꼬마 발레리나

음악에 맞춰 발레 연습을 해요. 발레를 하는 친구들의 동작 순서를
잘 보고, 빈 곳에 알맞은 발레리나 스티커를 붙여 보세요.

참 잘했어요

알쏭달쏭 다른 곳 찾기

내 방의 모습이에요. 위의 그림을 자세히 보고, 아래 그림에서
위치가 달라진 것을 4개 찾아서 ○ 해 보세요.

도형·공간

차곡차곡 과자 상자

지게차에 과자 상자가 각각 몇 개씩 쌓여 있을까요? 5개씩
묶어서 세어 보고, 모두 몇 개인지 빈칸에 써 보세요.

수 · 셈

62

송이송이 꽃송이

예쁜 꽃바구니에 꽃꽂이를 해요. 꽃바구니에 쓰여 있는 수만큼
꽃을 각각 10송이씩 ○로 묶어 보세요.

수·셈

내가 만드는 목도리

왼쪽 목도리에는 순서대로 무늬가 있어요. 오른쪽 목도리에도
내 마음대로 순서를 정해서 멋진 무늬를 그려 보세요.

규칙